ERNST FERSTL
Kampichl 26
A-2871 Zöbern
www.gedanken.at

D1722932

Herzlichst!

Ernst Ferstl

Ernst Ferstl

WENN EIN
WORT
SITZT, KANN MAN ES
STEHEN LASSEN

Herausgegeben von Irene Bulasikis
Bellaprint Verlag • 2340 Mödling

Impressum

© 2017 Bellaprint Verlag GmbH, 2340 Mödling, Austria
www.bellaprint.com

Das Werk und seine Teile sind urheberrechtlich geschützt. Alle Rechte vorbehalten. Nachdruck, auch auszugsweise, sowie Verbreitung durch Bild, Funk, Fernsehen, Internet, durch fotomechanische Wiedergabe, Tonträger und Datenverarbeitungssysteme jeder Art nur mit schriftlicher Genehmigung des Verlages bzw. des Autors.

Urheberrechte für jeden einzelnen Aphorismus: Ernst Ferstl
Urheberrechte bezüglich Auswahl und Zusammenstellung: Bellaprint Verlag GmbH
Urheberrechte Übersetzungen: Bellaprint Verlag GmbH

Printed in Austria, 1. Auflage, 2017
ISBN 978-3-9503-163-3-9

Vorwort

*Die Leute beklagen,
dass Motivation nicht anhalte.
Nun, so ist es auch beim Baden.
Daher ist beides täglich angeraten*

Zig Ziglar

Täglich zu baden oder zu duschen, das hat sich in unseren Breiten allgemein durchgesetzt. Wir überlegen nicht mehr, ob es denn wirklich sein muss, wir tun es einfach. Es bedarf dazu keiner speziellen Motivation. Müsste man sich täglich neu zu Gewohnheiten dieser Art aufraffen, ginge uns rasch die Energie aus.

Genauso klug ist es, sich auch geistig und emotional gewohnheitsmäßig neu aus- und aufzurichten. Es geschieht nicht von allein. Die morgendlichen Nachrichten liefern uns meist nicht automatisch jene Inspiration, die uns mit Freude in den Tag starten lässt. Was immer es also ist, das uns motiviert – sorgen wir für eine tägliche Portion davon!

In diesem Sinne ist das vorliegende Buch gedacht. Darin begegnen uns Worte als Sinnstifter und Mutmacher. Bewusst eingesetzt, können sie uns genau das zusprechen, wonach wir uns gerade in diesem Moment sehnen: Trost, Geduld, Ausdauer, Verständnis …

Schlagen wir dann einfach eine Seite auf und lassen das Schicksal den „Spruch des Tages" für uns ziehen! Oder nehmen wir uns zu fixen Zeiten, etwa abends oder immer sonntags, Zeit, um in Ruhe zu lesen und nachzudenken. Welche Resonanz finden einzelne Worte in unserem Leben? Welche Botschaft haben sie für uns? Erfahren wir durch sie eine Wahrheit, die uns bestärkt? Die uns mehr Klarheit gibt?

Die Leitgedanken in dem vorliegenden Band sind so formuliert, dass sie als sanfte, wohlwollende Begleiter im Alltag jederzeit eingesetzt werden können. Kurz und bündig, leicht zugänglich und doch als kleine Einladung zum Anders- und Umdenken gedacht. Mögen sie oft und vielfältig zum Einsatz kommen!

Irene Bulasikis

← « Hinweis zu den Übersetzungen »

Die Sprüche auf den linken Seiten wurden auf Wunsch vieler LeserInnen ins Englische übertragen. Um das Bild der linken Seite nicht zu stören, finden sich diese Übersetzungen nun jeweils auf der rechten Seite, ganz unten.

KLEINE FEHLER
KÖNNEN
NÜTZLICH SEIN,
WENN WIR
DURCH SIE DIE
GROSSEN
IN DEN GRIFF BEKOMMEN

Wer sich gerade
grün und blau ärgert,
kann wenigstens behaupten,
Farbe in sein Leben zu bringen

Auf der hohen See der Liebe ist es lebenswichtig,
mit den Gezeiten der Sehnsucht befreundet zu sein

Die wichtigsten Reisen
im Leben eines Menschen
sind die vom Ich zum Du

Unsere Zufriedenheit
ist eine ständige Gratwanderung:
immer zufrieden sein – sich aber nie zufrieden geben

*Small mistakes can be useful
if they help us handle the big ones*

← «   »

DER WEISHEIT
LETZTER
SCHLUSS IST
SEHR OFT EIN
NEUER ANFANG

Der Unterschied
zwischen uns und Gott:
Gott weiß alles. Wir wissen alles besser

Wir brauchen nicht zu tun, was andere von uns erwarten.
Es genügt vollkommen, wenn wir tun,
was wir von anderen erwarten

Erwachsene sind überaus treue Wesen.
Zumindest ihren Fehlern gegenüber

Wir leben in einer verrückten Zeit:
Immer mehr Vorgetäuschtes
erntet echte Begeisterung

← ❰❰ *Wisdom's last resort is
very often a new beginning* ❱❱

EINE TIEFE
BEZIEHUNG
KANN NUR LANGE
HALTEN,
WENN SIE TÄGLICH NEU
BEGONNEN WIRD

Ein Haufen Wissen
ist alles andere als
ein sanftes Ruhekissen

Manche legen sich die Latte
ihres Lebens genau so hoch, dass sie
bequem unten durchspazieren können

Sich füreinander zu erwärmen, ist
eine überaus menschenfreundliche Energie

Die Ellenbogenmentalität mancher Leute
erkennt man spätestens dann, wenn sie
einen auf den Arm nehmen wollen

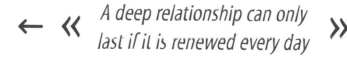

← ❰❰ *A deep relationship can only
last if it is renewed every day* ❱❱

DER AUFBAU EINER EIGENEN

MEINUNG

GEHT HAND IN

HAND

MIT EINEM ABBAU VON

VORURTEILEN

Was ist vielsagender:
das Verschweigen
oder das Zerreden?

Der Weg zu sich selbst
ist leicht zu finden
und schwer zu gehen

Die Kunst eines erfüllten Lebens
ist die Kunst des Lassens:
Zulassen – Weglassen – Loslassen

Das Glück des Augenblicks
lässt sich nicht für später aufheben

*Constructing one's own opinion goes
hand in hand with destructing prejudices*

← «   »

STEIGERUNG:
GESCHEIT — GESCHEITER —
GESCHEITERT

Wo bleibt eigentlich
die Dankbarkeit für alles,
was wir nicht haben?

Wer im Hafen der Ehe gelandet ist,
sollte nie vergessen, dass die Heimat
der Liebe das offene Meer ist

Der zwischenmenschliche Raum
sollte mehr sein als eine Abstellkammer

Manche Leute schaffen es,
bei vollem Bewusstsein leere
Versprechungen zu machen

← « *Progression: clever –
cleverer – too clever* »

WIR SOLLTEN
ANDEREN
NIE DEN BODEN
UNTER DEN
FÜßEN
WEGZIEHEN.
ES IST AUCH
UNSERER

Die Liebe braucht
so viel Distanz ,
dass man immer
aufeinander zugehen kann

Das Nettsein und das Liebsein
fallen uns viel leichter als das Gutsein

Die wichtigste Energiequelle für die Zukunft
ist die genützte Gegenwart

Die Wellen der Zeit
schaukeln die Augenblicke
ans Lebensufer

We should never pull the rug
← ❰ *from under other people's feet.* ❱
It is ours as well

ZEIT,
DIE WIR UNS
NEHMEN,
IST ZEIT, DIE UNS
ETWAS GIBT

Die einfachste Möglichkeit, den Alltag
von seiner Alltäglichkeit zu befreien, ist,
ein sonntägliches Gemüt
an den Tag zu legen

✄

Das Wesentliche im Umgang miteinander ist
nicht der Gleichklang, sondern der Zusammenklang

✄

Es gibt keinen Mitmenschen,
von dem wir nichts lernen können

✄

„Es gibt zu viele Flüchtlinge",
sagen die Menschen.
„Es gibt zu wenig Menschen",
sagen die Flüchtlinge

Time we take for ourselves is time
that will give us something

← ≪   ≫

WER IMMER ZU
SICH SELBST
STEHT,
KANN ANDEREN
NICHT IMMER
LIEGEN

Der Tag ist vorbei.
Die sinkende Sonne
macht Mut zum Loslassen

Auch Umwege erweitern
unseren Horizont

Das Leben ist ein Fest,
das viele so perfekt vorbereiten wollen,
dass sie nicht mehr
zum Feiern kommen

Wir brauchen viele Jahre,
bis wir verstehen, wie kostbar
Augenblicke sein können

He who stands up for himself
cannot always be everbody's darling

← « »

WIDERSPRECHEN ALLEIN

GENÜGT

HEUTZUTAGE

NICHT MEHR. WIR

MÜSSEN

AUCH WIDERDENKEN

Gefühle blühen.
Es könnte Frühling werden
mitten im Winter

Das Mensch-Sein ist
keine Sache des Seins,
sondern des Werdens

Im Kampf zwischen Lust und Unlust
gewinnt meistens die Gewohnheit

Früher brachte der Lärm
die Menschen aus der Ruhe.
Heutzutage ist es
die Stille

*Contradicting does not suffice any
longer. We must also contrathink*

← «   »

UNSERE GESELLSCHAFT
IST REICH AN
WAREN,
ABER ARM AN
WAHREM

Unpünktlichkeit
ist keine Frage der Zeit

Je mehr wir auf
die lange Bank schieben,
desto kürzer wird sie

Die mit Abstand
beste Nerven-Heil-Anstalt
ist die freie Natur

Der Gipfel
unseres Lebens ist dort,
wo uns die Liebe
Berge gibt

*Our society is rich In goods,
but poor in true values*

← 《   》

DER MUT ZUR
SELBSTERKENNTNIS
VERRÄT
CHARAKTERSTÄRKE

Die Hölle,
das ist der Himmel,
den man mit niemandem
teilen kann

Auf berechnende Menschen
kann man nur
sehr beschränkt zählen

Gleichberechtigt wollen alle sein.
Gleichverpflichtet – nicht

Auf dem richtigen Weg ist,
wer seinem Gewissen folgt

*The courage for self-awareness
shows strength of character*

← « »

GEFÜHLE
ERKALTEN, SOBALD
SIE VERHEIZT
WERDEN

Alles wird teurer.
Nur die Ausreden
werden immer billiger

Die Liebe will immer hoch hinaus.
Deshalb berührt sie uns auch so tief

Das Lebensziel vieler Menschen
ist heutzutage nicht mehr,
gut zu *sein*, sondern
es gut zu *haben*

Viele versäumen Wichtiges in ihrem Leben,
weil es ihnen ungeheuer wichtig ist,
nichts zu versäumen

*Feelings cool down
once they are exploited*

← « »

AUF DEM SPORTPLATZ DER MORAL GIBT ES MEHR SCHIEDSRICHTER ALS SPIELER

Ein Reichtum,
den wir viel zu wenig schätzen:
was uns bereits alles erspart geblieben ist

Die Erschaffung der Welt
ist noch nicht abgeschlossen.
Sie wartet noch auf unsere Beiträge

Ein schlechtes Gewissen
ist um vieles besser als gar keines

Jedes Wort,
das von Herzen kommt,
kann zu einem
Zauberwort werden

*On the sporting field of morality
there are more referees than players*

ZÄRTLICHKEIT: SONNTAG DER GEFÜHLE

Halt geben können uns
in erster Linie jene,
die viel von uns halten

Gesundes Selbstvertrauen
entspringt dem Mut zu sich selbst
und mündet in die Toleranz
gegenüber anderen

Lebenswichtig ist, dass sich die Zukunft
in unserer Gegenwart wohl fühlt

Ein gutes Gespräch
besteht ungefähr
zur Hälfte aus Zuhören

Tenderness:
← « *the Sunday of feelings* »

FÜR EINE GLÜCKLICHE
BEZIEHUNG
GIBT ES KEINE
REZEPTE.
JEDE BRAUCHT ANDERE
ZUTATEN

Leben heißt lernen,
dass wir Liebe säen müssen,
wenn wir Liebe ernten wollen

Zwei Rezepte, dass
eine Beziehung nicht funktioniert:
Nehmen, nehmen, nehmen.
Oder: Geben, geben, geben

Bevor unsere Träume Früchte tragen können,
müssen sie in der Wirklichkeit Wurzeln geschlagen haben

Der Unterschied zwischen Theorie und Praxis
ist in der Praxis weit größer
als in der Theorie

There are no recipes for a happy relationship.
Each needs different ingredients

DIE TRAGWEITE
UNSERER
GEFÜHLE HÄNGT
VON IHRER
TIEFE AB

Dankbarkeit
und Zufriedenheit
helfen einander gegenseitig

Das schlechte Gewissen
hat ein gutes Gedächtnis

Der Kopf
lernt schneller,
das Herz nachhaltiger

Auf Menschen, mit denen
man Pferde stehlen kann,
sollten wir lieber nicht herumreiten

*The range of our feelings
depends on their depth*

← ≪   ≫

ANDERSDENKENDE
SIND OFT
GANZ ANDERS,
ALS WIR DENKEN

Unsere Welt sieht so aus,
wie wir sie sehen

Das Wir ist die Verbindungstür
zwischen dem Ich
und dem Du

Der Schlüssel
zur Ganzheit
liegt im Teilen

Die Antworten von heute
sind offene Türen zu den Fragen
von morgen

*People who think differently
are often quite different
from what we think*

SOLL UNSER LEBEN GEPRÄGT SEIN VOM ZUSCHAUEN ODER VOM TEILNEHMEN?

Vertrauen heißt,
seine Ängste nicht
mehr zu fürchten

Die moderne Form der Sintflut
ist die Reizüberflutung

Der Topf des Miteinanders
ist sehr schnell leer,
wenn sich jeder nur
seine Vorteile herausnimmt

Der wichtigste Baustoff
für das Haus der Liebe
ist das Vertrauen

*Should our life be characterised
by watching or by participating?*

← « »

DIE MODERNSTE

FORM

MENSCHLICHER

ARMUT IST DAS

KEINE—

ZEIT—HABEN

Die Angst vor Neuem
lässt uns immer wieder
in alte Fehler zurückfallen

Das Niveau eines Menschen hängt
von seinen Höhen und Tiefen ab

Die Dummheit
kommt nie aus der Mode.
Sie lässt sich vom Zeitgeist
immer wieder neu einkleiden

Den Luxus der Bescheidenheit
können sich nur großzügige
Menschen leisten

The most modern type of human
poverty is not having any time

← «   »

WIR MÜSSEN
OFT NEU
ANFANGEN,
ABER NUR SELTEN
VON VORNE

Die beliebteste Form,
sich die Zeit zu vertreiben, ist,
sie anderen zu stehlen

Auch eine Lebenskunst:
gegen den Strom zu schwimmen,
ohne dabei baden zu gehen

Aus Fehlern, die wir nicht zugeben,
können wir nicht lernen

Am glaubwürdigsten
klingen unsere Ausreden dann,
wenn wir sie uns
vorher eingeredet haben

← « *We often have to start anew, but
seldom from the very beginning* »

AN TRÜBEN
TAGEN
LIEGT ES IN
UNSERER HAND,
SONNE
ZU SPIELEN

Wenn wir
auf ein Zeichen
des Himmels warten,
regnet es meistens Fragezeichen

Angst vor der Liebe
kann lieblos machen

Der Schlüssel
zum Sinn des Lebens
liegt in den Händen der Liebe

Bessere Lebensqualität kostet
nicht unbedingt mehr Geld,
aber ganz sicher mehr Zeit

← « *On dull days it is
up to us to play sun* »

SOLANGE UNS DIE
MENSCHLICHKEIT
MITEINANDER VERBINDET,
IST ES VÖLLIG
EGAL,
WAS UNS TRENNT

Die Hochnäsigkeit
mancher Leute
sitzt ziemlich tief

Besserwisser geben auf offene Fragen
geschlossene Antworten

Wer weiß, was er will,
kann zur rechten Zeit
am rechten Ort sein

Gewohnheiten
sind wie alte Teppiche.
Man sollte sie von Zeit
zu Zeit ausklopfen

As long as humanity unites us
it does not matter what separates us

WERTE
SIND WERTLOS,
WENN SIE
LIEBLOS SIND

Das Leben stellt uns
täglich neue Prüfungsaufgaben,
damit wir lebendig bleiben

Mit jenen, die auf
dem hohen Ross sitzen,
kann man keine Pferde stehlen

Auf bleibende Fragen
gibt es bestenfalls
vorläufige Antworten

Das Lügennetz mancher Leute
ist so eng geknüpft, dass man es
nicht durchschauen kann

Values are worthless
if they are loveless

DER BESTE
AUSSICHTSTURM
DES LEBENS
IST DIE
GELASSENHEIT

Der Liebe
geht es nicht darum,
dass sie geliebt, sondern
dass sie gelebt wird

Alleswisser wissen nur solange alles,
bis sie zu denken anfangen

Zeit, die man nicht genießen kann,
muss man sich vertreiben

Der Umgang mit Gleichgültigen
ist schwieriger als der
mit Andersdenkenden

*Life's best observation
tower is serenity*

← «   »

WER ZUHÖREN
KANN,
ERSPART SICH VIELE
WORTE

Die Liebe liebt es,
Leben ins Leben zu bringen

Die Gleichgültigkeit
beantwortet
alle Fragen
mit der selben Antwort

Anfangen ist das
A im ABC des Erfolges

Auf dem richtigen Weg
kommt uns das Ziel
ein Stück weit entgegen

← « *He who can listen*
saves many words »

DURCH JEDES FREUNDLICHE

WORT

WIRD UNSERE

WELT

EIN BISSCHEN

MENSCHLICHER

Das Herz
kann uns Türen öffnen,
zu denen unser Verstand
keinen Schlüssel findet

Die Gegenwart ist,
woran wir uns in Zukunft
erinnern werden

Der entscheidende Schritt im Leben eines Menschen
ist der Sprung über den eigenen Schatten

Alle Freiheiten sollten sich nur
jene nehmen, denen das Talent
zur Selbstbeherrschung gegeben ist

← «   *Every friendly word makes*
       our world a bit more human   »

WAS UND WIE
ANDERE
ÜBER UNS REDEN,
SAGT
MEHR ÜBER SIE AUS
ALS ÜBER UNS

Allzuoft endet
unsere Flucht
vor einer Aufgabe
mit unserer Aufgabe

Der Stein des Anstoßes
ist meist nichts anderes
als ein Körnchen Wahrheit

Die ärgste Krankheit, von der
ein Mensch befallen werden kann,
ist die Gleichgültigkeit

Aufgeblasene Menschen leben ständig
in Angst vor spitzen Bemerkungen

← « *What and how others talk about us*
says more about them than about us »

WIR KÖNNEN
ANDERE
NICHT AUSGRENZEN,
OHNE
UNS SELBST
EINZUSPERREN

Aufs Ganze zu gehen
lohnt sich erst, wenn wir
einen Überblick gewonnen haben

Der Sinn des Lebens liegt nicht darin,
dass wir ihn einmal finden, sondern darin,
dass wir ihn immer wieder suchen

Auch ein gesundes Misstrauen
kann krank machen

Dem Vordenken
geht meist ein
Nachdenken voraus

*We cannot lock others out
without locking ourselves in*

← « »

HÄTTE ICH
DICH
NICHT GEFUNDEN,
ICH WÜRDE IMMER
NOCH NACH
MIR
SUCHEN

Der Umgang
mit sich selbst
lässt sich nicht umgehen

Die Größe unserer Probleme
ist in erster Linie
ein Problem unserer Größe

Dampfplauderer können
nur sehr schwer verschweigen,
dass sie nichts zu sagen haben

Der Sinn des Lebens:
immer das Leben und die Liebe
im Sinn zu haben

Had I not found you,
I would still be looking for myself

← 《 》

DASS ALLES SEINE
ZEIT
HAT, HEISST AUCH,
DASS ALLES
SEINE ZEIT BRAUCHT

Die Antworten
auf die wirklich wichtigen Fragen
des Lebens kann uns nur unser eigenes Leben geben

Selbstvertrauen ist eines der besten Mittel,
anderen vertrauen zu können

Das Wichtigste an der Suche
nach dem Sinn des Lebens ist,
dass wir uns auf den Weg machen

Wir können mit den Geschenken
des Lebens nichts anfangen, wenn wir
nichts geschenkt haben wollen

That everything has its time
also means that everything
needs to have time

DEN MANTEL
DES SCHWEIGENS
KANN MAN
ZU FAST
ALLEM TRAGEN

Es gibt viel mehr
schlechte Meinungen
über Menschen als
schlechte Menschen

Der Sinn unseres Lebens
liegt im Da-Sein und nicht
im Dort-Haben

Wer seine eigenen Grenzen kennt,
kann offener auf andere zugehen

Gemischte Gefühle entstehen,
wenn sich Herz und Hirn
in die Quere kommen

*The shroud of silence can be
worn with almost anything*

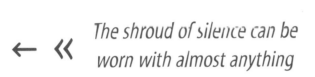

ALTE
FRAGEN MÜNDEN
MIT DER
ZEIT IN NEUE
FRAGEN

Wenn WIR andere ändern wollen,
dürfen wir ihnen auch nicht böse sein,
wenn sie UNS ändern wollen

Das Geheimnis der Zufriedenheit
liegt darin, für das Geschenk Leben
dankbar zu sein

Der häufigste Missbrauch
menschlicher Freiheit ist das
Festhalten an alten Gewohnheiten

Menschen, die in unserem Leben
eine große Rolle spielen,
sollten wir nie als Statisten missbrauchen

*In time old questions
lead to new questions*

← « »

AN ZEIT
FEHLT ES UNS
VOR ALLEM
DORT,
WO ES UNS
AM WOLLEN FEHLT

o——o

Wer im Licht der Liebe
leben will, muss über den
eigenen Schatten springen können

Ohne eigenen Standpunkt
sind wir als Wegweiser
für andere fehl am Platz

Beziehungen, die uns Halt geben
können, wurzeln in der Freiheit,
einander loslassen zu können

Aus den Hintergedanken
der Menschen lässt sich sehr leicht
auf deren Vorurteile schließen

*We lack time mostly
where we lack will*

← « »

DIE DANKBARKEIT
IST DER
SCHLÜSSEL
ZUR ZUFRIEDENHEIT

Bereits der Vorsatz,
sich weniger Sorgen zu machen,
kann für mehr Freude
im Leben sorgen

Ein Tropfen Liebe birgt alle
Geheimnisse des Lebens in sich

Nichts als Schlagworte.
Im Haus der Sprache
treiben sich Gauner herum

Kühler Abendwind
streichelt erhitzten Wänden
die Hitze vom Leib

*Gratitude is the
key to contentment*

← ≪ ≫

DAS WESENTLICHSTE
AN EINEM
GELIEBTEN
MENSCHEN IST,
DASS ES IHN GIBT

Die Ähren
schaukeln
in der Hängematte
der wärmenden Sonne

Das Dunkel der Nacht
tröstet den vergangenen Tag
mit Stern-Stunden

Die Erde beginnt zu tanzen,
wenn man sie mit Himmelsaugen sieht

Abenddämmerung.
Die sinkende Sonne
bringt Wolken zum Leuchten

*The most essential quality
of a loved one: that he exists*

← «   »

AUFBAUENDE GEDANKEN

SIND

UNSICHTBARE

WOHLTÄTER

Fortschritt.
Ich gehe meinen Weg.
Du gehst deinen Weg.
Zusammen gehen wir noch einen Schritt weiter

Schade!
Wir hätten uns so viel zu sagen gehabt,
aber wir fanden keine gemeinsame Sprache

Unser Vertrauen rechtfertigen
kann nur jemand, dem wir bereits
unser Vertrauen geschenkt haben

Arm sind jene, die ein Leben im Überfluss
mit einem Leben in Fülle verwechseln

DER GRÖßTE FEIND DES MENSCHEN IST DIE UNMENSCHLICHKEIT

Die Eifersucht
wirkt im Garten der Liebe
wie ein Haufen Wühlmäuse

⚬

Wir sehen andere Menschen nicht,
wie sie wirklich sind, sondern so,
wie wir über sie denken

⚬

Der Weg zur Ausgeglichenheit
führt über Höhen und Tiefen

⚬

Ein einfaches Mittel,
die Welt zu verbessern, ist,
sich und anderen
etwas Gutes zu tun

*The greatest enemy
of mankind is inhumanity* ← « »

ANDERE
MENSCHEN KÖNNEN
UNS NICHT MEHR
GEBEN,
ALS WIR ANZUNEHMEN
BEREIT SIND

Neugier
beflügelt unsere
Wahrnehmung

❧

Nur Vertrauen
führt zu Vertrautheit.
Beide Wörter haben
dieselbe Wurzel

❧

Menschen ohne Rückgrat sind anfällig
fürs Gehen krummer Wege

❧

Eine Wahrheit, die wir
nicht wahrhaben wollen,
kostet uns viele Lügen

← ❰ *Other people cannot give us more
than we are willing to accept* ❱

UNSER ÄRGER IST
OFT EINE
NUMMER ZU
GROß,
UNSERE FREUDE
OFT EINE ZU KLEIN

Die Langzeitwirkung
eines Augenblicks hängt von
seiner Tiefenwirkung ab

✧

Auf Dauer zufrieden zu sein,
das gelingt nur
dankbaren Menschen

✧

Menschen ohne Humor
sind wie Häuser ohne Fenster

✧

Was wir an Liebe geben,
verleiht unserem Leben Gewicht,
was wir an Liebe bekommen,
erleichtert es

← « *Our anger usually comes in a size
too big, our joy in a size too small* »

WIE VIEL

SELBSTVERTRAUEN

BRAUCHT EIN MENSCH,

UM ANDEREN

VERTRAUEN SCHENKEN

ZU KÖNNEN?

Man kann anderen
auch eine Grube graben,
indem man sie
in den Himmel lobt

⤙

Wer mit sich selber
in Frieden lebt,
kommt nicht in Versuchung,
anderen den Krieg zu erklären

↢

Das ist das Ärgerliche am Ärgern:
dass man sich damit selbst bestraft

⤙

Vertrauen kommt nicht von selbst.
Es muss entgegengebracht werden

← « *How much self-confidence do we
need to be able to trust others?* »

JEDER
SCHATTEN IST
AUCH EIN
WEGWEISER ZUM
LICHT

Vorsicht:
Wer in sich geht,
weiß nie,
wohin das führt

Perfekten Menschen
fehlt es an Fehlern

Wer theoretisch liebt,
hat praktisch nichts davon

Kostbares Leben.
Jede Sekunde Dasein
hat Ewigkeitswert

← ❰❰   *Every shadow also points
you towards the light*   ❱❱

UNSER LEBEN

SOLLTE

KEIN LEBENSLAUF,
SONDERN EIN
WERDEGANG SEIN

Geben und nehmen:
Stück für Stück Wärme
sammeln für kalte Tage

Ein spannendes Leben
lebt unter anderem
von Spannungen

Nur seine Pflichten zu erfüllen
ist viel zu wenig
für ein erfülltes Leben

Den Weg zur Gelassenheit
finden nur
die Selbstbewussten

← « *Our life should not only be*
a career path but a life story »

WORTE

BEKOMMEN ERST IHR

GEWICHT,

WENN WIR HINTER

IHNEN STEHEN

Manchmal ist es
die Blindheit anderer,
die uns die Augen öffnet

Da wir im gleichen Boot sitzen,
sollten wir froh sein,
dass nicht alle
auf unserer Seite stehen

Mach mit!
Freude machen
macht Freude

Der Weg zur Zufriedenheit
führt mitten durch die Dankbarkeit

← ≪ *Words receive meaning*
if we stand by them ≫

IN JEDEM
CHAOS
STECKT EIN KÖRNCHEN
ORDNUNG

Manchmal muss man
sich selbst in die Quere kommen,
um auf dem richtigen Weg zu bleiben

Alles läuft nach Plan.
Doch die Sehnsucht nach mehr
streut Sand ins Getriebe

Ein kalter Herbsttag
spaziert im Nebelhemd
durch vermummte Täler

Unser Gewissen
ist die Kompassnadel
unserer Menschlichkeit

← « *In every chaos there is
a kernel of order* »

WER LIEBT, ATMET

LEBENSLUST EIN UND

LEBENSFREUDE AUS

Achtung:
Der innere Schweinehund
ist auch ein Schlaufuchs!

Kann man von
Fortschritt reden,
wenn man im Kreise geht?

Solange uns noch
eine Tür offen steht,
sind wir noch nicht
weg vom Fenster

Verlängert oder verkürzt
Langeweile das Leben?

When we love we inhale a zest
for life and we exhale liveliness

← « »

WAS WIR AUS
LIEBE
TUN, SOLLTEN
WIR AUCH MIT
LIEBE TUN

Bevor wir anderen
etwas heimzahlen wollen,
sollten wir vorher in Ruhe
noch ein paar Mal nachrechnen

Toleranz muss mehr sein,
als sich nirgends
einmischen zu wollen

Logik des Herzens:
Wer eine Schwäche
für jemanden hat,
macht sich für ihn stark

Die Liebe liebt Menschen mit Herz

*What we do for love
we should also do with love*

MAN KANN
SICH AUCH DURCH
ANPASSUNG
VONEINANDER ENTFERNEN

Heiterkeit und Herzlichkeit
ergeben eine unwiderstehliche Mischung

Das Liebhaben
ist die Luxusausgabe
des Gernhabens

Erwacht die Zuneigung,
weckt sie die Zärtlichkeit

Die Kunst
einer dauerhaften Liebe
besteht darin,
dem Alltag immer wieder
Sonntage abzugewinnen

*We can also distance
ourselves by conforming*

AUCH MENSCHEN, DIE

ZU UNS

GEHÖREN,

GEHÖREN UNS NICHT

Es lohnt sich immer,
für jemanden ein Geschenk
des Himmels zu sein

Wagnis Liebe:
Es kommt darauf an,
es darauf ankommen zu lassen

Die Ewigkeit ist
eine Erfindung
des Augenblicks

Was uns bei den
anderen anspricht,
will uns etwas sagen

People who belong with us
also do not belong to us

OHNE
ZU WISSEN,
WO WIR STEHEN,
KOMMEN
WIR NICHT WEITER

Sein Glück
genießen zu können,
ist ein Zeichen von Reife

Wer es anderen zu leicht macht,
erschwert sein eigenes Leben

Wer glaubt,
immer Recht zu haben,
glaubt gar nicht, wie viele
andere das auch glauben

Das Provinzdenken
ist gleichmäßig über
Stadt und Land verteilt

*Without knowing where we
stand we cannot move forward*

← « »

VORURTEILE
VERBRÜDERN SICH
GERN
MIT HINTERGEDANKEN

Ist das Ziel erreicht,
wird aus der Ziellinie
eine Startlinie

Jeder neue Tag
will uns sagen:
Es geht weiter

Mit einer Doppelmoral
hat man nur halb so viele
Gewissensbisse

Wer liebt,
lebt auf

Prejudices tend to team up
with ulterior motives

BERGE
KANN MAN AUCH VERSETZEN, INDEM MAN SIE UMGEHT

An und für sich
arbeiten die Menschen
viel lieber für sich
als an sich

Es wird Zeit,
unsere Freizeit
wieder zu einer
freien Zeit zu machen

Wir wissen mehr über uns,
als wir eigentlich wissen wollen

Bei jenen, auf die man nicht zählen kann,
muss man mit allem rechnen

← « *You can also move*
mountains by avoiding them »

DIE LÄNGSTEN
BRÜCKEN
GIBT ES ZWISCHEN
WORTEN
UND TATEN

o———o

Dankbare Menschen haben mit
dem Bitten viel weniger Probleme

Was bleibt,
zählt mehr,
als was war

Auf Schwarz-Weiß-Denker
wirkt die Buntheit der Gedankenwelt
wie ein rotes Tuch

Das Glück des Augenblicks
lässt sich nur finden,
wenn wir genug Zeit haben,
es zu suchen

← « *The longest bridges can be found
between words and deeds* »

WER EINE GUTE ÜBERSICHT HAT, HAT BESSERE AUSSICHTEN

Die Liebe ist
eine Fundgrube für alle,
die nach dem Sinn
des Lebens suchen

Die Lieblingswaffe
nachtragender Menschen
ist der Vorwurf

Die Achtung voreinander
bestimmt den Umgang miteinander

Auch Vertrauen,
das wir uns hart erarbeitet haben,
ist und bleibt ein Geschenk an uns

*If you have a good overview
your prospects are better*

← « »

WENN WIR ALLES
BILLIGEN,
KOMMT UNS EINIGES
TEUER
ZU STEHEN

Auch im Garten
der Liebe ist es
unbedingt notwendig,
Unkraut zu jäten

Die Gelegenheit, einem
geliebten Menschen entgegenzukommen,
sollten wir nie vorübergehen lassen

Nimm endlich Verstand an, Herz!
Nimm endlich Herz an, Verstand!

Das Lieblingskleidungsstück
schwarzer Schafe ist
die weiße Weste

*Condoning everything can make
some things quite costly*

EIN WEG IST UMSO
SCHÖNER,
JE LIEBER WIR IHN
GEHEN

Der beste Wegweiser ist,
ein Ziel vor Augen zu haben

Die Sehnsucht
nach Nähe
bringt Liebe ins Leben
und Leben in die Liebe

Am allerliebsten komme ich zu mir,
wenn ich weiß, dass du
bei mir zu Besuch bist

Das Wichtigste
an der Zukunft
ist die Zeit davor

← « *A path is all the more lovely*
the more we enjoy walking it »

WEISHEIT WÄGT

AB, ABER SIE

WERTET NICHT

Die Erwartungen
anderer zu erfüllen,
reicht nicht für
ein erfülltes Leben

Heutzutage wird bereits
viel mehr zerredet
als verschwiegen

Wir sollten unsere Misserfolge
mit dem gleichen Maß messen
wie unsere Erfolge

Auf dem Altar des Lieb- und Nettseins
werden unzählige Lügen dargebracht

SAGT MAN JA
ZU SICH,
FÄLLT EINEM EIN
EHRLICHES
NEIN
IN VIELEN FÄLLEN
LEICHTER

Bei ihrer Wortwahl
sind viele Zeitgenossen
alles andere als wählerisch

Anders zu sein bedeutet
für jeden Menschen
etwas anderes

Wer Spaß am Leben hat,
hat auch Spaß im Leben

Der Weg der Anpassung
führt nicht in die Freiheit

*Saying Yes to oneself
makes an honest No
easier in many instances*

← « »

WER SICH ALLE

WEGE

OFFEN HALTEN WILL,

WIRD NICHT

VIEL

ZUWEGE BRINGEN

Ärgern bringt nichts.
Außer Vollbeschäftigung

Das Vielleicht
ist das Nein
der Ja-Sager

Dem Schweigen
und der Stille
fehlt es an Fürsprechern

Besserwisser
und Bessermacher
leben nie unter
einem Dach

If you want to keep all options open
you will not achieve much

← «   »

DER WEG DER MENSCHLICHKEIT IST KEIN PRIVATWEG

≡

Auch wenn wir uns
ihm verschließen:
Gottes Hand bleibt immer offen

Aus falschen Erwartungen
werden schnell
richtige Enttäuschungen

Alle Fehler, die wir
im Laufe unseres Lebens machen,
sind miteinander verwandt

Die Liebe
verleiht unserem Leben
Gewicht und Leichtigkeit

*The path of humanity
is no private road*

← « »

DAS LEBEN

GIBT UNS MANCHMAL

ANTWORTEN AUF

FRAGEN,

DIE WIR GAR NICHT

GESTELLT HABEN

Der Holzweg
ist die Lieblingsstrecke aller,
die ein Brett vor dem Kopf haben

Die etwas bewusst verharmlosen,
sind alles andere als harmlos

Das Überflüssige
hält sich nicht für überflüssig

Angsthasen
lassen die Katze
erst aus dem Sack,
wenn sie wissen,
wo der Hund begraben liegt

*Life sometimes answers
questions we have not asked*

ZUR RICHTIGEN
ZEIT
ECKEN UND KANTEN
ZU ZEIGEN, KANN
EINIGES
INS ROLLEN BRINGEN

Auch
das Glück
wirft Schatten

Bedenke:
Gefühle sind eine
Herzensangelegenheit

Aller guten
Dinge sind drei:
Leben, Lieben, Lachen

Das Ärgerliche
am Ärgern ist
die verlorene Zeit

*Showing one's rough edges at the
right time can get the ball rolling*

← ≪   ≫

DIE ACHTSAMKEIT
ÖFFNET
DIE TÜR ZUM
GLÜCKLICHSEIN

Auch das
Vergessen-Können
ist ein Lernprozess

Das Unrecht
kennt kein
rechtes Maß

Der innere Schweinehund
hat Angsthasen
zum Fressen gern

Auf etwas
freiwillig zu verzichten,
ist fast immer gewinnbringend

*Mindfulness opens
the door to happiness*

← ≪ ≫

DIE QUELLE DER
KREATIVITÄT
VERSIEGT, WENN
MAN
NICHT AUS IHR
SCHÖPFT

Viele,
die auf dem
hohen Ross sitzen,
können gar nicht reiten

Die Leistung, etwas nicht
gemacht zu haben,
findet nur selten
Anerkennung

Wer vergleicht,
bewertet

Auch schlechte Erfahrungen
haben ihre guten Gründe

*The well of creativity dries up
if we do not fetch from it*

AUCH
GEGENARGUMENTE
BRAUCHEN
FÜRSPRECHER

Manche Leute kehren alles
noch schnell unter den Teppich,
bevor sie sich aus dem Staub machen

Beim Versuch, etwas
auf den Punkt zu bringen,
kann es passieren, dass man
den wunden Punkt trifft

Wer mit einem Statussymbol angibt,
stellt sich damit ein Armutszeugnis aus

Der Erfolg
gibt den Erfolgreichen
immer Recht, manchmal zu Unrecht

← 《 *Even counterarguments*
need advocates 》

KEINE
ANTWORT ZU
BEKOMMEN,
WIRFT
NEUE FRAGEN AUF

Der bewusste Verzicht
auf etwas ist meistens
eine gute Wahl

Das Einfache
ist meistens unscheinbar,
deswegen wird es oft übersehen

Die Liebe
fordert uns heraus,
weil sie uns fördern will

Der Himmel auf Erden
ist noch nicht
das Paradies

← « *Not getting an answer
opens up new questions* »

WAS GIBT ES
BEGLÜCKENDERES,
ALS DAS
VERTRAUEN
GELIEBTER MENSCHEN
GENIEßEN
ZU DÜRFEN?

Komisch:
Man kann reden
wie alle und doch
ganz anders denken

Der Sprung über den
eigenen Schatten ist immer auch
ein wichtiger Schritt nach vorn

Je mehr man sich allen anderen anpasst,
desto fremder wird man sich selber

Dass man vieles schon vorher gewusst hat,
stellt sich oft erst im Nachhinein heraus

Is there anything more joyful
← ⟪ *than being able to enjoy the trust* ⟫
of our loved ones?

WER
SEIN LEBEN
MEISTERN WILL,
MUSS EIN
LEBEN
LANG ÜBEN

Auch was uns fehlt,
gehört zu uns

Die groß angeben,
haben große Angst,
klein beigeben
zu müssen

Auch in einem kleinen Herzen
hat viel Herzlichkeit Platz

Der Preis
für billige Ausreden
wird oft maßlos
unterschätzt

*To master one's life,
lifelong practise is needed*

← «   »

NICHT ALLES, WAS
WIR HÖREN,
WURDE AUCH WIRKLICH
GESAGT

Wollen wir hoch hinaus,
sind wir bei vielen
gleich unten durch

Der Humor mag
witzige Menschen,
aber keine,
die ein Witz sind

Aus dummen Fehlern
lernt man schneller

Manchmal muss man
einfach den Mut haben,
für andere eine Zumutung zu sein

*Not everything
we hear was actually said*

← « »

DENKANSTÖßE
KÖNNEN LÜGENGEBÄUDE
ZUM EINSTURZ
BRINGEN

Gelegentlich
muss man sich
die Welt schönreden,
um nicht schwarzzusehen

Lieber einmal zu viel gelobt,
als einmal zu wenig

Man wächst mit den Fehlern,
aus denen man gelernt hat

Bei manchen Leuten
fällt der Groschen erst,
wenn der Rubel nicht
mehr rollt

*The push of new ideas
can bring down a house of lies*

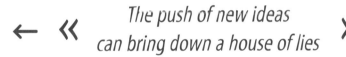

IM ARCHIV
UNSERER ERINNERUNGEN
TAUCHEN
IMMER WIEDER
FÄLSCHUNGEN AUF

Bei gefühlvollen Menschen
reicht das Fingerspitzengefühl
bis in die Zehenspitzen

Die Humorlosigkeit
mancher Leute
erkennt man bereits
an ihren Witzen

Ein Leben nach der Uhr
und dem Terminkalender
macht uns mit der Zeit fertig

Wer nichts finden muss,
kann in Ruhe suchen

 *In the archive of our memories we stumble
upon forgeries again and again* »

AUS EINEM ALTEN
IRRTUM
LÄSST SICH SEHR
LEICHT EIN NEUES
VORURTEIL
MACHEN

Manchen Menschen muss
man auf die Zehen steigen,
wenn man erfahren will,
wo sie der Schuh drückt

Wenn wir es uns
immer einfach machen,
wird es irgendwann
kompliziert

Auch wenn viele auf uns hören –
verstehen können uns nur wenige

Wer sich etwas erwartet,
muss warten können

← «   *An old mistake can easily
be turned into a new prejudice*   »

EINE UMKEHR

OHNE

UMDENKEN

BRINGT UNS NICHT

WEITER

Ein Ja zum Nein
ist ehrlicher
als ein Vielleicht

Zu einem
bunten Leben
gehören auch
blaue Flecken

Den inneren Schweinehund
sollte man nie unterschätzen,
er hat ein großes Insiderwissen

Der Gedankenhimmel
ist selten wolkenfrei

Turning back without changing
one's mind does not move us forward

← ≪   ≫

MENSCHEN,
AUF DIE WIR
BAUEN KÖNNEN,
BAUEN
UNS AUF

Auch die
Ungerechtigkeit
ist nicht gerecht verteilt

Besserwisser
vertragen sich
untereinander
überhaupt nicht

Auch Misserfolge
sind Wegweiser

Auf glückliche Zufälle
sind wir oft schlecht
vorbereitet

← « *People we can build on
build us up* »

151

DAS KLEINE
GLÜCK
HAT TAUSEND
GESICHTER

Die Hintergedanken
vieler Menschen befinden sich
ziemlich weit vorne

Das Verschweigen
fällt uns meistens leichter
als das Vergessen

Dem Unglück sollten wir
mit Mut begegnen,
dem Glück mit Demut

Ausnahmen
glauben in der Regel,
dass sie sich alles erlauben können

*Small moments of bliss have
a thousand different faces*

DAS MITEINANDER
BRAUCHT
ZEIT FÜREINANDER

Balanceakt:
Möglichst oft sein Bestes
zu geben, ohne sich allzu
sehr zu verausgaben

Achtsamkeit und Offenheit
sind das A und O einer
glücklichen Beziehung

Auch Zeiten, in denen nicht alles
nach Wunsch geht, sind wichtige Meter
auf unserem Lebensweg

Bei Gefühlen geht es nicht um richtig oder falsch,
sondern um tief oder seicht

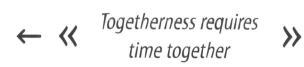

← « *Togetherness requires
time together* »

SO VIEL GUTES
SCHLÄFT IN UNS!
WARUM
WECKEN WIR
NICHT EINIGES DAVON?

Beim Versuch,
niemandem wehtun zu wollen,
ist die Verletzungsgefahr
für sich selber sehr hoch

Das Glück liebt die Freude

Das Glück nimmt sich
mehr Zeit für uns,
wenn wir ihm
mehr Zeit geben

Das Haus der Liebe
braucht ein sicheres
Fundament

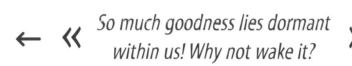

So much goodness lies dormant
within us! Why not wake it?

WER IN SICH RUHT,

KANN VIEL BEWEGEN

Das schönste Zeitmaß
der Liebenden ist
die Sternstunde

Der gesunde
Menschenverstand
ist ein gutes Fundament
für eine eigene Meinung

Der tiefste Herzenswunsch:
von denen geliebt zu werden,
die wir lieben

Was den einen eine Augenweide,
ist den anderen ein Dorn im Auge

*At peace with ourselves
we can get things moving*

ANTWORTEN,
DIE DIE EIGENE MEINUNG
BESTÄTIGEN,
WERDEN
NICHT IN FRAGE GESTELLT

Was wir
mit Freude vollbringen,
wird zum Segen für uns
und viele andere

Wenn uns jemand gefällt,
lassen wir uns von ihm
mehr gefallen

Wir denken nicht allein,
unsere Erfahrungen
denken mit

Zu viel Verstand führt leicht
zu Verständigungsproblemen

← « *Answers in support of our own opinions are not questioned* »

WIE VIELE WORTE

MUSS

MAN VERLIEREN,
UM DIE RICHTIGEN
ZU FINDEN?

Zufriedenheit
ist Lohn genug

Humor ist ein
hervorragendes Pflaster
für die kleinen Wunden
des Alltags

Das Glück
auf Kosten anderer
kommt alle teuer zu stehen

Ausgeglichene Menschen
kennen sowohl ihre Grenzen
als auch ihre Mitte

*How many words do we need to express
to find the right ones?*

← «　　　　　　　　　　　»

WENN DIE ZEIT

FÜR UNS ARBEITEN
SOLL, MÜSSEN WIR IHR
WELCHE LASSEN

Ein Leben in Fülle
lebt nicht vom Überfluss –
sondern von der Vielfalt

Sich über andere zu ärgern,
ist fast immer ein Eigentor

Einsicht ist ein Schlüssel,
der uns das Tor zu neuen
Aussichten öffnen kann

Von einer schöneren Zukunft
zu träumen, darf nicht dazu führen,
dass wir die Chancen
der Gegenwart verschlafen

*If we want time to work for us
we need to let it have some*

EIN OFFENER GEIST
BIETET AUCH
WIDERSPRÜCHEN HEIMAT

Nichts in Frage zu stellen,
das ist eine zu leichtsinnige Antwort

Ausgeglichene Menschen
sind sowohl zur Gemeinschaft
als auch zum Alleinsein fähig

Wir können nicht in
einer guten Welt leben wollen
und andere schlechtmachen

Berechnende Zeitgenossen
müssen damit leben, dass ihnen
das Leben irgendwann einen Strich
durch die Rechnung machen könnte

*An open mind offers a home
even to contradictions*

← « »

LUFTSCHLÖSSER
SIND WUNDERBARE
SPIELPLÄTZE,
ABER UNGEEIGNETE
WOHNORTE

Das Haus des Lebens
wird unbewohnbar,
wenn wir alles unter
den Teppich kehren

Der einfachste Lösungsweg
ist oft, sich vom Weg oder
vom Ziel zu lösen

Bei Auseinandersetzungen
mit anderen sollten wir uns
besonders zusammennehmen

Lohnendes muss nicht
gewinnbringend sein

← « *Castles in the sky are great playgrounds,*
but unsuitable residences »

IN EINER
BEZIEHUNG IST
DIE VERBINDUNG VIEL
WICHTIGER
ALS DIE BINDUNG

Was uns bewegt,
verändert uns

In den Antworten
von heute stecken die
Fragen von morgen

Ein eleganter Ausweg:
Was sich nicht verdrängen lässt,
kann man ja verharmlosen

Anpassungsgrundsatz:
Wer an die Reihe kommen will,
darf nicht aus der
Reihe tanzen

← « *In a relationship, the connection
is more important than the ties* »

ZUHÖREN
VERGRÖßERT
UNSEREN WORTSCHATZ

Wer sich gut kennt,
kann sich besser tarnen

Wo es nicht genügt,
dass wir unser Bestes geben,
sollten wir es gut
sein lassen

Die Überzeugungskraft
einer Botschaft hängt
sehr stark von der Qualität
des Boten ab

Wer vordenkt,
macht nachdenklich

*Listening enlarges
our vocabulary*

WER ANDEREN
ZU NAHE
TRITT, ENTFERNT SICH
VON IHNEN

Begeisterung
ist einer der besten
Energielieferanten

✂

Wer liebt und geliebt wird,
hat bereits alles, was für das
Liebesglück notwendig ist

✂

Liebende bewahren ihre
Wertsachen im Herzen auf

✂

Je länger man
in den Tag hinein lebt,
desto schwerer findet man
wieder heraus

*If we get too close to people
we distance ourselves from them*

← ≪ ≫

EHRLICHKEIT MACHT DAS ÄUßERE LEBEN SCHWERER, DAS INNERE LEICHTER

Tiefe Gefühle
können hohe Wellen
schlagen

⚬

Wer ein Problem sieht,
wo gar keines ist,
wird selber zum Problem

⚬

Es gibt Ziele,
mit denen schießt man
über den Weg hinaus

⚬

Nur wenige Menschen
altern innerlich und äußerlich
gleich schnell

*Honesty makes the outer life
harder, the inner life easier*

← «   »

SONNTAGE
SIND INSELN IM
MEER
DER ZEIT

Weisheit
ist ausgereifte
Gelassenheit

Dankbarkeit
erhöht den Wert
eines Geschenks

Je mehr man überhört,
desto besser versteht man sich

Wenn man nicht
mehr weiter weiß,
hilft uns ein Schritt
zurück weiter

← ≪ *Sundays are islands
in the ocean of time* ≫

DIE ANTWORTEN
AUF NICHT GESTELLTE
FRAGEN SIND
IMMER ZU
LANG

Was uns mit
den einen verbindet,
trennt uns von den anderen

Um die Zeichen der Zeit
richtig lesen zu können,
braucht man richtig viel Zeit

Keine Zeit zu haben
ist ein Vorwand,
hinter dem man sich
lange verstecken kann

Vorurteile sind Vorboten
der Ungerechtigkeiten

*Questions not posed receive answers
that are always too long*

← «   »

DER ÄRGER ÜBER ANDERE IST IMMER EIN EIGENPRODUKT

Wer wenig liebt,
macht viel falsch

Was Freude
in unser Leben bringt,
kommt immer
zur richtigen Zeit

Ein bisschen Verrücktheit
hilft uns, ganz normal zu bleiben

Jeder Mensch
geht von sich aus –
und jeder kommt
woanders hin

DIE WERKSTATT DER

ZUKUNFT

BEFINDET SICH IN DER

GEGENWART

Toleranz ohne Grenzen
ist Gleichgültigkeit

Ein Mangel an Nächstenliebe
führt zu einem Überschuss
an Einsamkeit

Bevor wir uns
weiterentwickeln können,
müssen wir uns annehmen,
wie wir sind

Im Laufe mancher Besuche
muss man weit mehr schlucken,
als aufgetischt wird

*The workshop for the future
is situated in the present*

WENIGER
KANN MAN MEHR
GENIESSEN ALS
VIEL

Manchmal kommt uns
die eigene Meinung ziemlich fremd vor

Bei Leuten,
die uns alles erzählen müssen,
ist es einfacher, nur auf das zu hören,
was sie nicht sagen

Wenn wir jenen helfen,
denen es schlecht geht,
merken wir erst,
dass das auch uns guttut

Auch die besten Wegweiser können
den Weg nicht mitgehen

*Less can be enjoyed
more than much*

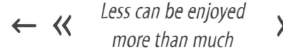

LIEBENDE
HELFEN EINANDER,
SICH SELBST ZU
FINDEN

Wer keine Ruhe
geben kann,
kann keine Ruhe finden

Das Fundament
des Glücklichseins ist
der innere Frieden

Wie uns die anderen nehmen,
hängt vor allem davon ab,
wie wir uns geben

Wir brauchen Grenzen,
um mit unserer Freiheit
etwas anfangen zu können

← ≪ *Those who love help one
another to find themselves* ≫

BEI EINEM SIEG
ÜBER SICH SELBST
GIBT ES KEINE
VERLIERER

In der Schule des Lebens ist
jeder Tag ohne neue Aufgaben
ein verlorener Tag

Wer sich nur um
sich selbst kümmert,
verkümmert mit der Zeit

Altwerden ist
kein Kinderspiel

Fröhliche Gelassenheit
ist eine Perle
in der Krone
des Menschseins

*There are no losers
in a victory over myself*

EIN WORT,
DAS GEWICHT HAT,
BRAUCHT
NICHT LAUT
ZU SEIN

Wer zu weit geht,
verfehlt das Ziel

Wer neu
anfangen will,
muss Schluss
machen können

Der beste
Friedensstifter:
die Achtung voreinander

Die sich nichts
zu sagen haben,
können über alles reden

← « *Words with meaning
do not need to be loud* »

UNSER SCHWEIGEN
SAGT OFT
MEHR, ALS WIR DAMIT
SAGEN WOLLEN

Wenn das Herz
Purzelbäume schlägt,
macht der Kopf
Kopfstände

Selbst auf neuen Wegen
kommt uns nicht alles neu vor

Aussichtslosigkeit ist meistens
ein Mangel an Einsicht

Anderen
etwas vorzumachen
ist anstrengender, als ihnen
etwas nachzumachen

*Our silence often says more
than we intend to say*

EIN VOLLES
LEBEN
IST NICHT AUTOMATISCH
EIN ERFÜLLTES

Auf ein Ja oder ein Nein
können wir bauen.
Auf ein Vielleicht nicht

Die wichtigsten Augenblicke
in unserem Leben sind
nicht immer die schönsten

Wir brauchen die Wahrheit
über uns nicht zu lieben.
Es genügt, wenn wir sie
zur Kenntnis nehmen

Schweigen kann Gift sein
für die Wahrheit

*A full life is not
necessarily a fulfilled life*

DAS NICHTTUN
UND DAS NICHTSTUN
HABEN NICHTS
MITEINANDER
ZU TUN

Wer sich achtet,
achtet auf sich

Es gibt
auch Lügen,
die ehrlich
gemeint sind

Wer wenig weiß,
muss viel glauben

Wo ein Ende
in Sicht ist,
ist ein Anfang
nahe

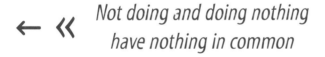

← « *Not doing and doing nothing
have nothing in common* »

DIE WAHRHEIT IST,
DASS WIR
SIE GELEGENTLICH
NICHT
WAHRHABEN WOLLEN

Nicht schlecht
ist nicht gut genug

Manche Ziele
lassen sich leichter
durch die Hintertür erreichen

Manche Leute
gehen überall hin,
nur nicht in sich

Der Jahrmarkt
der Eitelkeiten
hat Tag und Nacht
geöffnet

The truth is that we sometimes
want to deny it

← ≪   ≫

NUR SELTEN WIRD
UNS BEWUSST,
WAS WIR
UNSEREN SCHWÄCHEN
VERDANKEN

Lebenslügen
haben eine hohe
Lebenserwartung

Richtig
zuhören heißt,
dem Verstehen
ein Fenster öffnen

Das Rückgrat
der Liebe
ist die Treue

Auch das Kostenlose
hat seinen Preis

*Seldom do we realise
what we owe to our weaknesses*

SELBST
AUF DEM WEG,
DEN MAN ZURÜCKGEHT,
KANN MAN NEUES
ENTDECKEN

Recht zu haben
ist noch keine Garantie dafür,
Recht zu bekommen

⤳

Viele machen uns
etwas vor, aber es ist
nichts dahinter

↜

Miteinander lachen:
der Freude
ein Gesicht geben

⤳

Wer mit seiner Meinung
immer richtig liegen will,
muss oft umfallen

*Even on the way back
one can discover new things*

← «   »

EIN STECKENPFERD,
DAS AUCH
HEUTE NOCH SEHR
BELIEBT IST:
PRINZIPIENREITEN

Überlastete
neigen zu
Überreaktionen

Es ist die Liebe,
die das Leben vor der
Gleichgültigkeit rettet

Verliebte wollen voneinander,
Liebende füreinander das Beste

Zum Arbeiten
nehmen wir uns Zeit,
zum Verarbeiten
nicht mehr

*A hobby still quite popular
today: stickling for principles*

← « »

WER DEN
TON ANGIBT,
BRAUCHT NICHT MEHR
AUF DIE PAUKE
ZU HAUEN

Ein guter Mensch
kommt allen
zugute

Es spart viel Zeit,
wenn man nicht für alles
zu gebrauchen ist

Wer ernten will,
muss warten können

Der Fortschritt
verschweigt gern
seine Nebenwirkungen

*There is no need to paint the town
red for those who set the tone*

SCHLECHTE ERFAHRUNGEN
SIND EIN GUTER
HUMUS
FÜR EINE BESSERE
MENSCHENKENNTNIS

Wer nie Farbe bekennt,
wird mit der Zeit farblos

Selbst aus schlechten Aussichten
lassen sich noch gute Einsichten gewinnen

Auf die Frage nach dem
Sinn des Lebens gibt es nur
eine Antwort: die eigene

Andere Menschen
verstehen zu wollen,
erhöht die Chancen,
von ihnen verstanden
zu werden

*Bad experiences are fertile ground
for a better understanding of our fellow people*

← ≪ ≫

DER GRAUE ALLTAG TREIBT ES OFT ZIEMLICH BUNT

Bei Unzufriedenen
dauert ein Zwischentief
viel länger als ein Zwischenhoch

Bei den meisten Menschen
ist das Sprechvermögen
viel größer als das Sprachvermögen

Man kommt sich nicht näher,
wenn man nur ans
Weiterkommen denkt

Unsere Hoffnungen
leben vom Glauben,
den wir ihnen schenken

*The grey everyday can
test us in quite colourful ways*

← « »

WER DAS STAUNEN
NOCH NICHT
VERLERNT HAT, KANN
ÜBERALL
KLEINE WUNDER
ENTDECKEN

Wer den Ärger liebt,
wird ihn überall finden

Ein kostbarer Augenblick
ist ein wertvoller Teil
der Ewigkeit

Ein großes Ziel ist
über mehrere Wege
zu erreichen

Gepflegte Vorurteile
fühlen sich in
üblen Nachreden
besonders wohl

*Those who have preserved a sense
of wonder can find miracles everywhere*

← «　　»

DIE AUF ALLES
EINE ANTWORT
WISSEN,
SOLLTE MAN LIEBER
GAR NICHT
FRAGEN

Allen
gefallen zu wollen,
schadet allen

Die meisten Menschen
haben vor einer Wahrheit
mehr Angst als vor einer Lüge

Wer richtig neugierig ist,
ist nie am falschen Ort

Am Anfang eines
persönlichen Erfolges
steht das persönliche
Bemühen

*Better not ask those
who know everything*

WER

MITSPIELEN WILL,

MUSS AUCH

MITMACHEN

Auch das Nichtstun
hat Nebenwirkungen

Das Herz:
Wohnung der
Menschlichkeit

Am besten können wir uns dort
entwickeln, wo wir uns wohl fühlen
und Anerkennung bekommen

Wer zu lange
auf Händen getragen wird,
verlernt mit der Zeit,
auf eigenen Beinen zu stehen

If you want to play,
join the game

ERFOLGE
SOLLTEN UNS
BEFLÜGELN, ABER NICHT
ABHEBEN LASSEN

Auch
leuchtende Beispiele
werfen Schatten

⤙

Wer viel weiß,
braucht viel
Gelassenheit

↜

Unsere Gefühle
sind oft viel gescheiter,
als wir denken

⤙

Begeisterung
macht
schnelle Füße

← « *Success should let us soar*
but not get carried away »

EIN UNVERGESSLICHER
AUGENBLICK:
DIE EWIGKEIT KAM
AUF BESUCH

Das Selbstverständliche
ist selbstverständlich für
jeden Menschen etwas anderes

Wir sollten immer
zu unserem Leben stehen,
auch wenn wir manchmal
am Boden liegen

Fühlt man sich in der eigenen Haut
nicht wohl, hilft auch kein dickes Fell

Dass man dagegen ist,
heißt noch nicht, dass man
eine eigene Meinung hat

An unforgettable moment:
eternity stopped by

← « »

DIE NATUR IST EIN
GUTER ORT,
UM UNSERE NATÜRLICHKEIT
WIEDERZUFINDEN

Der glückliche Zufall
hat keinen Terminkalender

Mit Menschen,
die nicht aufhören können,
sollten wir uns lieber nichts anfangen

Jeder Tag ist
eine freundliche Einladung,
Neues kennen und
lieben zu lernen

Abwarten
schützt nicht
vor Veränderungen

*Nature is a good place
to re-discover our naturalness*

← « »

AUCH WER NICHT MITSPIELT, KANN VERLIEREN

Behandelt man
den inneren Schweinehund
wie einen Hund oder
wie ein Schwein?

Die Zeit heilt viele Wunden,
indem sie Abstand schafft

Das kleine Glück ist oft
größer, als es uns vorkommt

Auch beim
Heilmittel Humor
kommt es auf
die Dosis an

*You can lose even if you
are not in the game*

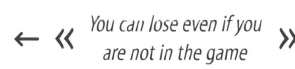

WER SICH

SELBER EINE FREUDE

MACHEN KANN,

SOLLTE NICHT AUF EINE

EINLADUNG WARTEN

Der Fortschritt
bringt uns vielleicht weiter,
aber bringt er uns auch näher?

⤻

Wir stehen auf Menschen,
die uns liegen

↢

Vordenker
haben die Aufgabe,
nachdenklich zu machen

⤻

Im Umgang
mit Humorlosen
braucht man
viel Humor

← ≪ *If you can make yourself happy,
don't wait for an invitation* ≫

MANCHMAL
SIND ES UNSERE
ZIELE,
DIE UNS IM
WEG STEHEN

≡

Was uns antreibt,
gibt uns Auftrieb

Die Reise auf die
Sonnenseite des Lebens
beginnt manchmal
mit einem Sprung
ins kalte Wasser

Dankbarkeit
ist das Tor
zur Zufriedenheit

Denken vergrößert
die Wahlmöglichkeiten

Sometimes it is our goals
that block the way

WAS TUN WIR NICHT

ALLES,

UM MANCHES

NICHT TUN ZU

MÜSSEN!

Wir sitzen
oft genug
in der Falle des
Gefallen-Wollens

Herausforderungen
sind Kraftverstärker

Wenn Spaß sein muss,
will ich ihn nicht
mehr haben

Glück hat
Freude
im Gepäck

← 《 *All the things we do in order*
not to have to do certain things! 》

MANCHES
WIRD ERST KOMPLIZIERT,
WENN MAN ES
MÖGLICHST
EINFACH
ERKLÄREN WILL

Schweigen
kann zur Waffe
werden

Einen geliebten Menschen
gibt es nur als Gesamtpaket

Auch mit vielen
Ecken und Kanten
kann man rundum
glücklich werden
und sein

Keine Vorurteile zu haben
ist eindeutig ein Vorurteil

DIE SCHÖNSTEN
GESCHENKE DER NATUR:
SCHÖNHEIT,
VIELFALT,
FÜLLE

Manchmal sind
Lust und Last
das Gleiche

Man kann sein eigenes Leben
nicht in die Hand nehmen,
bevor man nicht auf eigenen Füßen steht

Glückliche Paare
wünschen sich täglich
ein frohes neues Ja

Manche Menschen
haben alles im Griff,
nur nicht sich selber

← « *Nature's loveliest presents:*
beauty, diversity and abundance »

DIE SCHWACHSTELLE
VIELER
MENSCHEN IST,
DASS SIE KEINE
SCHWÄCHEN
ZEIGEN WOLLEN

Der Wert der Liebe
liegt auch darin,
dass sie nicht wertet

Es ist nicht
alles wichtig,
was richtig ist

Humorlosigkeit
reizt mitunter
sehr zum Lachen

Wer öfter in sich geht,
kann sich besser in andere
hineinversetzen

*Many people's weak spot is not wanting
to show their weak spots*

← ≪   ≫

VIELE VERÄNDERUNGEN
IN UNSEREM
LEBEN
BEGINNEN,
BEVOR WIR ES
MERKEN

Wir sind so,
wie wir uns
sein lassen

Schweigen ist eine Sprache,
die oft überhört wird

Manchmal ist es besser,
eine Sache auf Eis zu legen,
als dabei heißzulaufen

Lass mehr Gelassenheit
in dein Dasein,
deine Lebensfreude
wird es dir danken

*Many changes in life start
before we notice them*

MANCHMAL
BEKOMMT MAN
DAS LEBEN
NUR DANN IN DEN
GRIFF,
WENN MAN
LOSLASSEN KANN

Glückliche Momente:
Die Lebensfreude
schlägt Purzelbäume

Liebe ist
Aussaat und Ernte
in einem

Überfluss verwässert
das rechte Maß

Das kleine Einmaleins
der Menschlichkeit:
Jeder Mensch zählt

*Sometimes letting go is
the only way to get a grip on life*

← «

»

AUS DER MACHT

DER GEWOHNHEIT

WIRD MIT

DER ZEIT EINE

ÜBERMACHT

Natürlich
zu bleiben
ist auch eine Kunst

Lebenskünstler
kennen die Nischen
des Glücks

Manchmal muss man
die Lebensfreude kitzeln,
damit sie einen anlacht

Der glückliche Zufall
hat viele freie
Mitarbeiter

Over time the power of habit
becomes overpowering

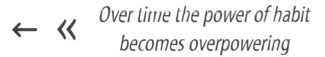

MANCHMAL IST
ES FÜR UNS
BESSER,
DASS UNS EIN
TRAUM BLEIBT,
ALS DASS WIR
IHN VERWIRKLICHEN

Die Verschiedenartigkeit
der Menschen
ist einmalig

Humorlosigkeit ist
immer ernst gemeint

Die Aufgabe,
etwas nicht zu tun,
ist manchmal
ganz schön schwer

Mit jenen, die uns
immer zustimmen,
stimmt irgendwas nicht

← ≪ *Sometimes it is better to keep
a dream than to realise it* ≫

STAUNEN IST
EINE LIEBESERKLÄRUNG
AN DIE
SCHÖPFUNG

Manche Leute
kann man nicht gut riechen,
weil sie uns immer wieder
etwas unter die Nase reiben

Auch was man übersehen will,
muss man trotzdem
wichtig nehmen

Wer sich an alles erinnern kann,
muss viel vergessen haben

Fürs Gescheiter-Werden
sind wir immer
im richtigen Alter

*Amazement is a statement
of love towards creation*

← «   »

DAS HAUS
DER ZUVERSICHT
HAT VIELE
FENSTER

Was nicht
in Frage kommt,
ist bereits beantwortet

Ans Herz wachsen
kann uns nur,
was uns zu Herzen geht

Lebensfrohe Menschen wissen,
wie man Sorgen entsorgt

Den eigenen Weg
findet man manchmal erst,
wenn man aus der Bahn
geworfen wurde

← ‹‹ *The house of hope*
has many windows ››

AUCH WAS UNS
AUFHÄLT,
KANN UNS
WEITERBRINGEN

Das kurze Glück
hat oft eine lange
Vorgeschichte

Aufrichtigkeit verdient
immer Anerkennung

Besserwisser
wissen es einfach
nicht besser

Begeisterung
verdoppelt die Kräfte
und halbiert
alle Bedenken

Even what holds us back,
can move us forward

← 《

》

MENSCHEN,
MIT DENEN MAN DIE
ZEIT
VERGISST,
VERGISST MAN NIE

Die Halbwahrheit
ist eine Sonderform
der Lüge

Die Zukunft
ist die Heimat
unserer Hoffnungen

Manche Menschen
haben so ein dickes Fell,
dass ihnen nichts mehr
unter die Haut geht

Auch an ein kurzes Glück
kann man sich lange erinnern

People we forget time with
will never be forgotten

← ＜＜   ＞＞

DAS HERZSTÜCK DER
ZUFRIEDENHEIT
IST DIE
DANKBARKEIT

Eine schöne Form
der Lebensfreude ist
die gute Laune

Wer sich zu oft gehen lässt,
darf sich nicht wundern,
oft übergangen zu werden

Wir kennen unsere Lebenslügen,
aber wir wollen sie einfach
nicht wahrhaben

Das Schönste
an manchen Zielen
ist der Weg dorthin

*The heart of contentment
is gratitude*

← 《   》

DAS GLÜCK HAT
KEINE BESTIMMTE
FARBE.
ES IST EINE
BUNTE MISCHUNG

Manches bekommt
man nur in den Griff, wenn
man die Finger davon lässt

Besserwisser wollen uns
immer dort abholen,
wo sie stehen

Der kleine Unterschied:
Optimisten wandern von Oase zu Oase,
Pessimisten von Wüste zu Wüste

Wir wissen immer mehr –
und wissen immer weniger
damit anzufangen

← ≪ *Happiness does not have a
specific colour. It is a colourful mix* ≫

DER BAUM DER
LIEBE
MUSS IM
LEBEN
VERWURZELT SEIN,
DAMIT ER FRÜCHTE
TRAGEN KANN

Unglückliche
überschätzen den Wert
des Glücks

Geburtstage
erinnern uns
auch an
unsere Zukunft

Echte Freunde
sind gelegentlich
echt unbequem

Dürfen ist eine Form
von Freiheit

*The tree of love must take root
in life in order to bear fruit*

← « »

AUCH DAS KLEINE
GLÜCK
VERDIENT GROSSE
DANKBARKEIT

Wer viel Humor hat,
hat auch viel Spaß mit sich

Naheliegendes
wird oft übergangen

Wer einen Menschen anhimmelt,
muss auch damit rechnen,
eines Tages aus allen
Wolken zu fallen

Gefühle haben
eine eigene
Zeitrechnung

← « *Even small moments of happiness
deserve big gratitude* »

DIE ZUKUNFT
IST EIN GESCHENK,
DAS WIR JEDEN
TAG NEU
AUSPACKEN DÜRFEN

Auch jenen,
die uns zu denken geben,
verdanken wir etwas

Schwierig:
Dass man sich in Ruhe lassen kann,
wenn man Ruhe braucht

Das Leben ist gerecht:
Gerade berechnende Menschen
verrechnen sich immer wieder

Auch die Wahrheit
ist leider nicht
fälschungssicher

← « *The future is a present we get
to unwrap every day* »

IST MAN UNTERWEGS ZU SICH,
KANN MAN GAR NICHT ZU WEIT GEHEN

═══
═══
═══
═══

Zwischen dem Glück
und dem Unglück liegt
das Selbstverständliche

Menschen, auf die
man zählen kann,
sind einfach unbezahlbar

Bei manchen Menschen
klingelt es erst, wenn wir
ihnen eine Zeit lang
auf den Wecker gehen

Das Glück hat eine Vorliebe
für dankbare Menschen

← « *If we are on the way to ourselves
we cannot go too far* »

VORSICHT:
DIE MITREDEN WOLLEN,
WOLLEN
OFT GAR NICHT
MITMACHEN

Das Brett
vor dem Kopf
ist bei manchen Leuten
aus einem besonders
harten Holz geschnitzt

＊

Dankbarkeit ist
selten unberechtigt

＊

Das Unsagbare lässt sich
nicht verschweigen

＊

Das Einmaleins
der Liebe
beginnt mit zwei

*Careful: Those who want to join the
conversation often don't want to join the game*

← «   »

DAS FUNDAMENT DER

VIELFALT
IST DIE

EINZIGARTIGKEIT

Bei manchen Leuten
ist alles, was über
ihren Horizont geht,
unten durch

Dankbaren Menschen
steht die Tür zum Glück
immer offen

Der beliebteste Platz
für den Bau von Luftschlössern
liegt neben den Holzwegen

Auch das kleine Glück
kann viel Freude in uns wecken

The base of diversity
is uniqueness

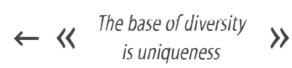

WAS WIR ERNTEN
KÖNNEN,
IST NICHT NUR NUR
ALLEIN
UNSER VERDIENST

Auch beim
Lernen aus Fehlern
werden viele
Fehler gemacht

⤸

Das Unglück ist uns
keine Erklärung schuldig

↰

Anpassung heiligt
das Mittelmaß

⤸

Den Himmel auf Erden
schafft man sich nicht,
indem man anderen
die Hölle heißmacht

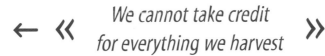

*We cannot take credit
for everything we harvest*

WER
ÜBERZEUGEN
WILL, DARF
NICHT
ÜBERREDEN WOLLEN

Alleswisser haben
keine Ahnung davon,
was sie alles nicht wissen

Auch Erfolge
sind Prüfsteine
für unseren Charakter

Auf das Beste zu hoffen,
ist eine gute
Grundeinstellung

Das Fundament
der Zuversicht ist
das Selbstvertrauen

*He who wants to convince
must not want to persuade*

← ≪   ≫

WENN EIN WORT SITZT, KANN MAN ES STEHEN LASSEN

Das kleine Glück
benutzt die gleichen Rezepte
wie das große Glück

Wenn bei einem
Gespräch die Tiefe fehlt,
zieht es sich in die Länge

Die auf dem hohen Ross sitzen,
haben panische Angst
vor dem Umsatteln

Ausreden verlangen doppelte Arbeit:
Zuerst muss man sie sich ausdenken
und dann auch noch einreden

← 《 *If a word hits home
it can stay there* 》

EIN GESCHENK
WIRD ERST WERTVOLL,
WENN MAN
ES ZU SCHÄTZEN
WEIß

Aus Fehlern,
die alle machen,
lernt niemand etwas

Auch wenn
die anderen nur hören,
was sie hören wollen,
ist es wichtig, zu sagen,
was man zu sagen hat

Das kleine Glück
gibt es in allen Größen

Untaten beginnen oft
bereits mit Unworten

← 《 *A present becomes valuable
by being appreciated* 》

DIE STILLE
MACHT
UNS HELLHÖRIG
FÜR UNSERE INNERE
STIMME

Achtsamkeit
braucht Zeit

Die Lebensfreude
schöpft aus
vielen Quellen

Geradlinigkeit
ist sehr oft
eine Gratwanderung

Geschwätzigkeit
ist eine
vielsagende Form
von Sprachlosigkeit

*Silence makes us receptive
to our inner voice*

← ≪   ≫

DAS WESEN
EINES MENSCHEN
ERKENNT
MAN ERST,
WENN ES UM
WESENTLICHES GEHT

Wer eine Antwort
hören will, muss
zu reden aufhören

Wer nicht mit der Zeit geht,
hat mehr Zeit

Bei manchen Leuten
kann man sich ihr Innenleben
bereits von außen
lebhaft vorstellen

Begeisterung
verschiebt die Grenze
zwischen Mut und Übermut

*The true essence of someone only comes
to light when we deal with the essential*

← « »

DEM SINN DES
LEBENS
WÜRDE ETWAS
FEHLEN,
WENN ES KEINEN
UNSINN GÄBE

Will man den Nagel
auf den Kopf treffen,
muss man
Köpfchen haben

Jeder Sonntag
ist ein Stück
vom Lebenszeitkuchen,
das wir uns besonders
gut schmecken
lassen sollten

Der Überfluss
kennt nur
einen Maßstab:
die Maßlosigkeit

The sense of life would be lacking
if there were no nonsense

← ≪ ≫

FÜR VIELES OFFEN ZU SEIN, HEISST NICHT, ALLES ZUZULASSEN

Auch was
wir denken,
hinterlässt Spuren

Weil über
vieles zu viel
geredet wird,
überhört man
viel Wichtiges

Zu dem,
was wir haben,
zählt auch alles,
was wir anderen
geschenkt
haben

← « *To be open to a lot does not mean to tolerate everything* »

IST DIE ERWARTUNG
ZU GROß,
FÄLLT DIE ERFÜLLUNG
IMMER
ZU KLEIN AUS

Einsichten
gehen tiefer
als Einblicke

Vorurteile
mögen es gar nicht,
wenn man Vorurteile
gegen sie hat

Können wir einen
Fehler ausbessern,
geht es uns gleich besser

*If expectations are too high
the outcome will always be too low*

← ‹‹   ››

Meine Lieblingssprüche

Meine Lieblingssprüche

Meine Lieblingssprüche

Meine Lieblingssprüche

Meine Lieblingssprüche

Meine Lieblingssprüche

Ebenfalls im Bellaprint Verlag erschienen:

Der kurzen Rede langer Sinn

**999 Leitsprüche zu 50 Lebensthemen
von 50 SprachakrobatInnen**

50 Jahre Leitsprucherfahrung gebündelt
auf 400 wortgewaltigen Seiten.

Ein Buch zum Lesen,
Nachdenken, Disku-
tieren – und natürlich
zum Verschenken!

© Bellaprint Verlag – 2015
408 Seiten, große Schrift, gut lesbar
ISBN: 978–3–950–31632–2

Wer deutlich spricht,
riskiert, verstanden zu werden

999 Leitsprüche von Norbert Stoffel

Der Spruchband ist geschmackvoll illustriert mit wunder-
schönen, nostalgisch anmutenden Handzeichnungen.

Weiters bieten wir Ihnen noch ein delikates Fremdsprachen-
Zuckerl: 140 der 999 Sprüche gibt es
auch in englischer
Übersetzung.

© Bellaprint Verlag – 2. Auflage 2014
368 Seiten, große Schrift, gut lesbar
ISBN: 978–3–950–31631–5

**Bellaprint Verlag GmbH, Brühler Straße 49, 2340 Mödling, Österreich
www.bellaprint.com, Telefon +43 2236 26365**

Exklusiv im Bellaprint Verlag erhältlich:

Beteuert & Gebilligt
von Elazar Benyoëtz

Der große Aphoristiker legte im Bellaprint Verlag sein neuestes Werk vor.
Aus Anlass seines 80. Geburtstags erschien dieser Band lebendiger Sprachkunst.

Ein Buch zum Staunen, Schmunzeln, Vorlesen, Sinnieren, Rätseln, ja Meditieren.

© Bellaprint Verlag – 2017
260 Seiten, Hardcover mit
Gold- und Silberprägung,
große Schrift, gut lesbar
ISBN: 978–3–950–31636–0

Näheres auf: www.beteuert-und-gebilligt.com

Bellaprint Verlag GmbH, Brühler Straße 49, 2340 Mödling, Österreich
www.bellaprint.com, Telefon +43 2236 26365